CONTENIDO

Las palabras del glosario aparecen en **negrita** la primera vez que se usan en el texto.

NUESTROS ASOMBROSOS CUERPOS

Nuestros cuerpos hacen cosas increíbles. Corremos, saltamos, cantamos, gritamos. Al mismo tiempo nuestro corazón late, los pulmones nos ayudan a respirar y el estómago hace ruidos.

¿Te preguntas cómo es posible que el cuerpo pueda hacer todo esto? ¡Vamos a descubrirlo! Imagínate que eres capaz de encogerte hasta alcanzar un tamaño minúsculo. Ahora sube a nuestra diminuta nave. Es tan pequeña que entra por un oído. ¡Nuestra intención es darnos una vuelta por el interior del cuerpo!

¡SORPRENDENTE!

En tu cuerpo hay cerca de 6 cuartos de galón (5.6 litros) de sangre. Esta recorre todo tu cuerpo tres veces por minuto: ¡viaja un total de 12,000 millas (19,300 kilómetros) cada día!

MARAVILLOSOS VIAJES A TRAVÉS DE LA CIENCIA

VIAJE DENTRO DEL CUERPO HUMANO

POR CHRISTINE FIGORITO
TRADUCIDO POR ALBERTO JIMÉNEZ

Gareth Stevens
PUBLISHING

Please visit our website, www.garethstevens.com. For a free color catalog of all our high-quality books, call toll free 1-800-542-2595 or fax 1-877-542-2596.

Library of Congress Cataloging-in-Publication Data

Figorito, Christine, 1971- author.
Viaje dentro del cuerpo humano / Christine Figorito, translated by Alberto Jimenez.
p. cm. — (Maravillosos viajes a través de la ciencia)
Includes bibliographical references and index.
ISBN 978-1-4824-2412-6 (pbk.)
ISBN 978-1-4824-2413-3 (6 pack)
ISBN 978-1-4824-2021-0 (library binding)
1. Human body—Juvenile literature. 2. Human physiology—Juvenile literature. I. Title.
QP37.F54 2015
612—dc23

First Edition

Published in 2015 by
Gareth Stevens Publishing
111 East 14th Street, Suite 349
New York, NY 10003

Designer: Sarah Liddell
Editor: Ryan Nagelhout/Nathalie Buellens-Maoui
Translator: Alberto Jiménez

Photo credits: Cover, pp. 1, 13, 15 (synapse), 19 (main), 25 Sebastian Kaulitzki/Shutterstock.com; pp. 5, 29 racorn/Shutterstock.com; pp. 7, 21 Alex Luengo/Shutterstock.com; p. 9 (main) Nerthuz/Shutterstock.com; p. 9 (brain hemispheres) decade3d/Shutterstock.com; p. 11 SPRINGER MEDIZIN/Science Photo Library/Getty Images; p. 15 (main) martynowi.cz/Shutterstock.com; pp. 17, 19 (tendons) DM7/Shutterstock.com; p. 23 Matthew Cole/Shutterstock.com; p. 27 SCIEPRO/Science Photo Library/Getty Images.

Printed in the United States of America

CPSIA compliance information: Batch #CW15GS: For further information contact Gareth Stevens, New York, New York at 1-800-542-2595.

¡La nave nos permitirá visitar todas las asombrosas partes que componen nuestro cuerpo!

ANATOMÍA DEL CUERPO HUMANO

El cuerpo humano es asombroso. Los seres humanos son de muchos tamaños y formas, pero todos tenemos las mismas partes básicas del cuerpo. El estudio de estas partes se llama anatomía.

El cuerpo está dividido en sistemas. Cada sistema realiza una tarea esencial; los sistemas trabajan juntos para que puedas pensar, respirar y moverte. Arranquemos nuestra nave y preparémonos para explorar juntos algunos de estos sistemas. ¡Motores encendidos, despegamos!

¡SORPRENDENTE!

Tu cuerpo crece más rápido en los dos primeros años de tu vida que en cualquier otro momento. ¡Un recién nacido no puede hacer mucho pero a los dos años, camina y habla!

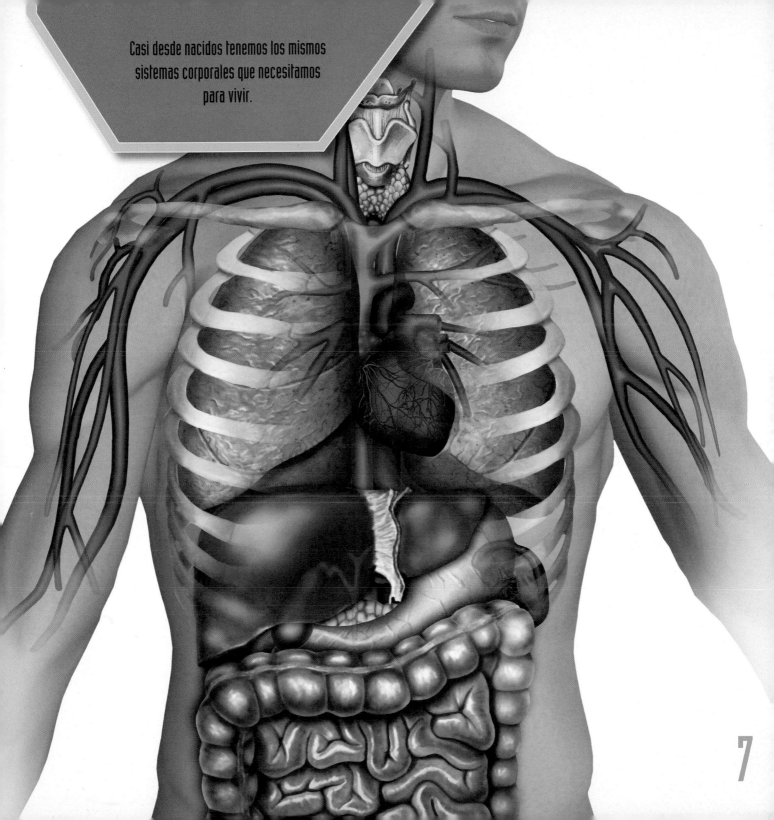

Casi desde nacidos tenemos los mismos sistemas corporales que necesitamos para vivir.

LA COMPUTADORA DE TU CUERPO

Vamos a explorar un hombre llamado Marty, que va a dejarnos conducir nuestra nave a través de su cuerpo. Nos introducimos volando en su oído, pero somos tan pequeños que ni se entera. Lo primero que vemos es un órgano arrugado de color gris rosado. ¡Su cerebro!

El **encéfalo** funciona como una computadora. Le dice a las demás partes del cuerpo lo que deben hacer. Está en el interior del cráneo —formado por los huesos de la cabeza— que lo protegen para que no se lastime.

¡SORPRENDENTE!

El cerebro está dividido en dos **hemisferios**. El hemisferio izquierdo controla el lado derecho del cuerpo, y el hemisferio derecho controla el lado izquierdo del cuerpo. Suena raro ¿no?

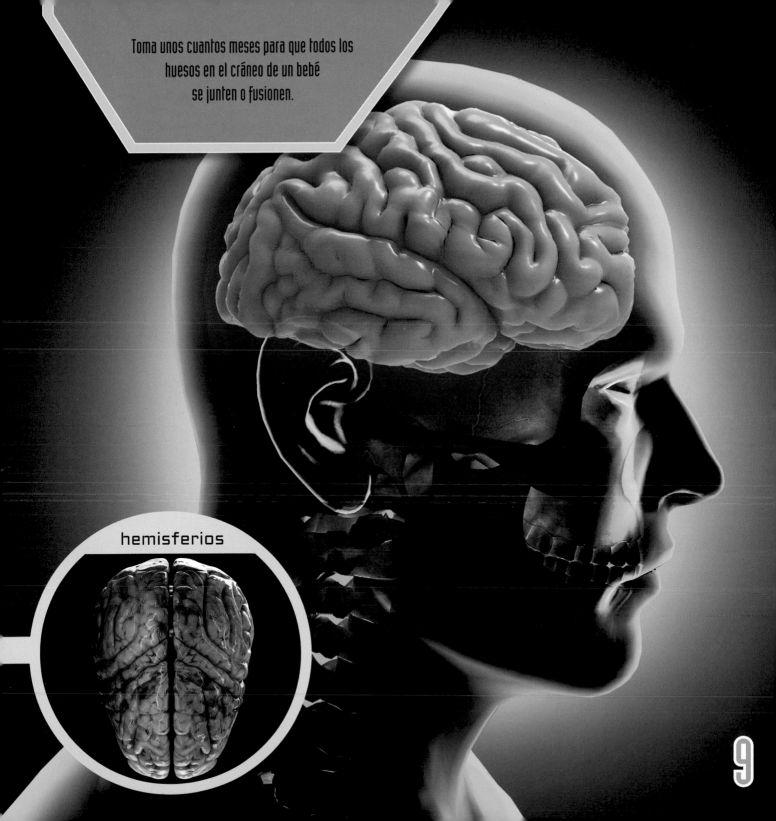

Toma unos cuantos meses para que todos los
huesos en el cráneo de un bebé
se junten o fusionen.

hemisferios

9

El encéfalo de Marty pesa alrededor de 3 libras (1.4 kg), el tamaño del de la mayoría de los adultos. Consta de tres partes principales. La superior, el cerebro propiamente dicho, es la mayor; su superficie muestra grietas y pliegues. Es la parte "pensante".

El cerebelo está detrás, recogido debajo del cerebro. Controla el equilibrio y el movimiento. La tercera parte, llamada bulbo raquídeo, se encuentra por debajo del cerebelo, a la altura de la nuca. Controla cosas como la respiración, los latidos del corazón, el hambre y el dolor.

¡SORPRENDENTE!

¿Existen de verdad los llamados alimentos para el cerebro? ¡Sí! Los alimentos como el pescado, los frutos secos o los kiwis son buenos para la memoria y el aprendizaje. Muchos alimentos contienen glucosa, un tipo de azúcar saludable para el cerebro.

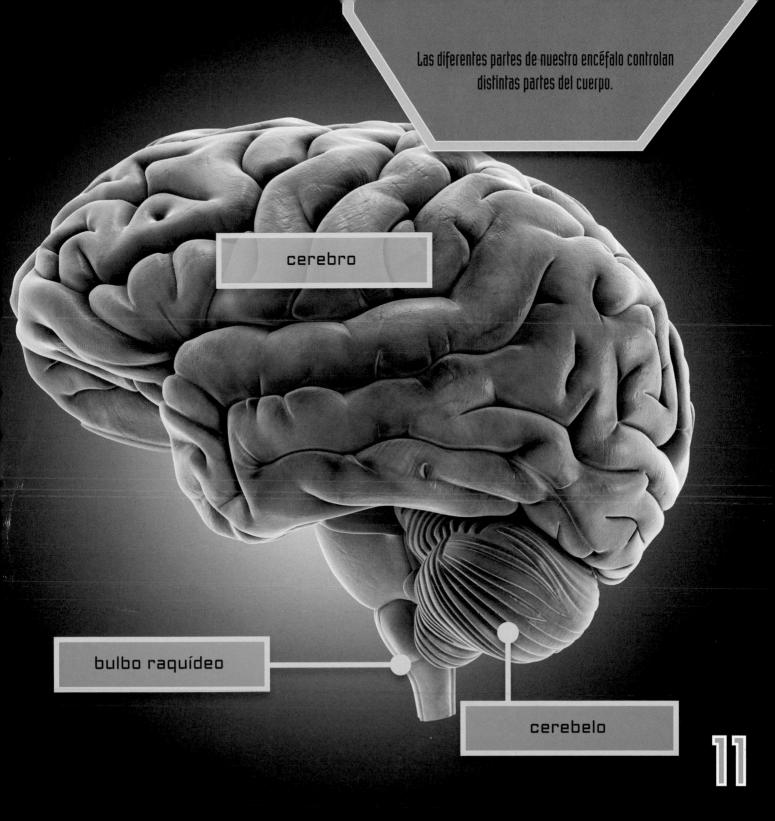

Las diferentes partes de nuestro encéfalo controlan distintas partes del cuerpo.

cerebro

bulbo raquídeo

cerebelo

11

¡UN MANOJO DE NERVIOS!

El cerebro de Marty no puede hacerlo todo. En la parte posterior del cerebro, verás un largo manojo de **nervios** que baja por su espalda. Esto se llama la médula espinal, y con el cerebro, constituye el primer sistema que vemos en nuestro viaje, el sistema nervioso.

Los nervios se componen de **neuronas**. Las neuronas envían mensajes de ida y vuelta desde el cerebro de Marty a todas las partes del cuerpo. El cuerpo contiene miles de millones de neuronas.

¡SORPRENDENTE!

Si tocas un horno caliente, las neuronas envían un mensaje de dolor desde tu dedo al cerebro. ¡El cerebro envía un mensaje de vuelta a través de las neuronas para ordenarles a tus músculos que retiren ese dedo!

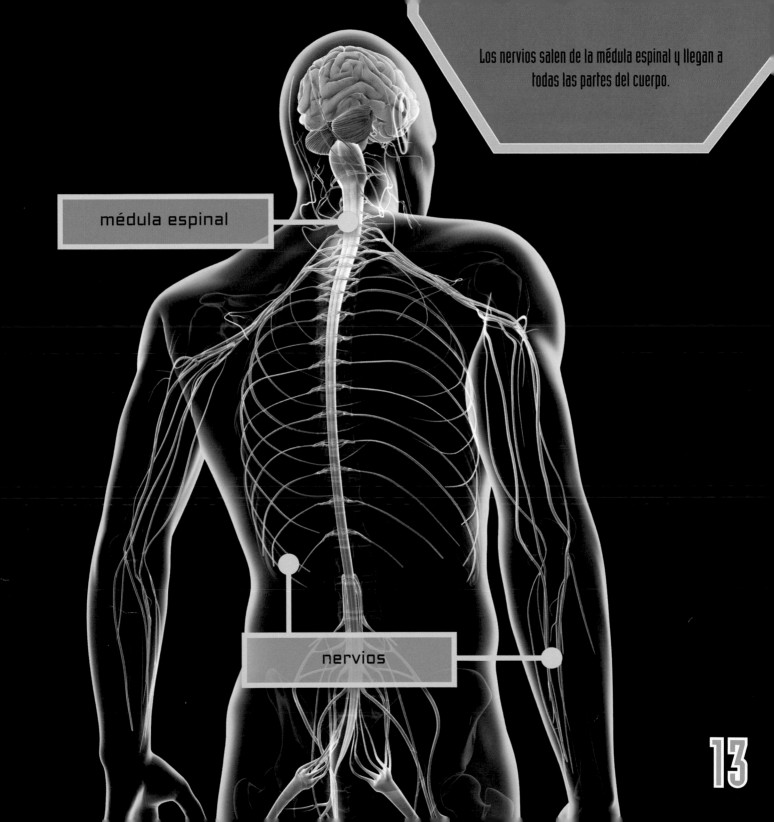

Los nervios salen de la médula espinal y llegan a todas las partes del cuerpo.

médula espinal

nervios

Sigamos la médula espinal de Marty en nuestra nave. ¡Las neuronas, aunque no podemos verlas, están enviando mensajes de ida y vuelta desde el cerebro al cuerpo a unas 200 millas (320 km) por hora!

De repente, nuestra nave comienza a moverse arriba y abajo. ¡El brazo de Marty se mueve! Sus ojos deben haber visto a alguien que conoce y su cerebro le ordenó a su mano que saludara. Las neuronas llevan este mensaje, pero es otra cosa la que hace que su mano se mueva. Nos dirigimos hacia allí con nuestra nave para averiguarlo.

¡SORPRENDENTE!

El lugar donde una neurona se conecta a otra neurona se llama sinapsis. Esto viene de la palabra griega *synaptien*, que significa "unir".

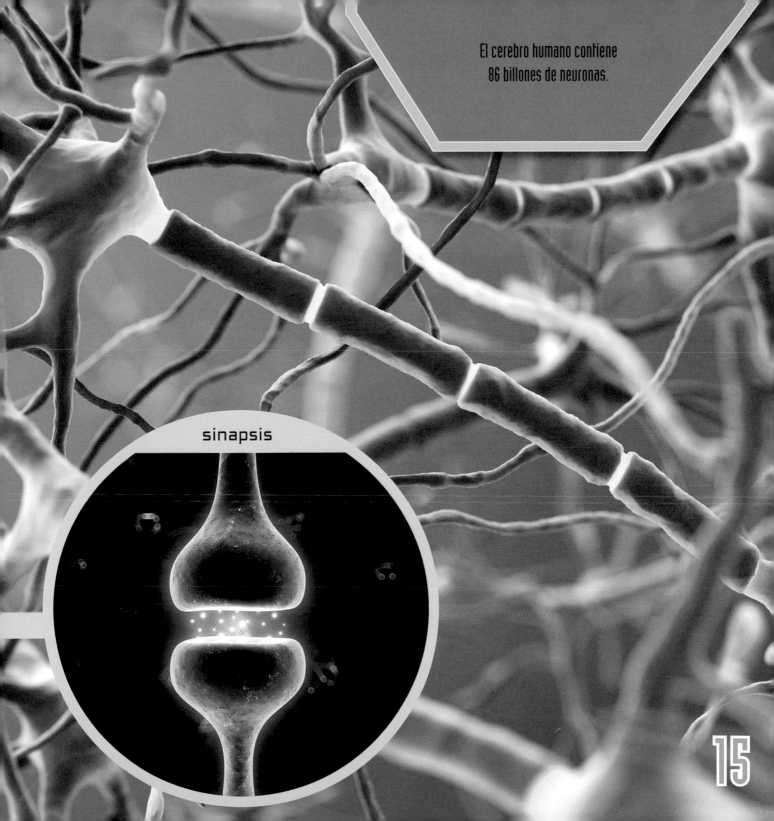

El cerebro humano contiene
86 billones de neuronas.

sinapsis

15

MUEVE ESOS MÚSCULOS

El brazo de Marty no sería capaz de moverse sin músculos. Los músculos dan al cuerpo el poder de moverse. Están formados por un **tejido** elástico, como el material de las gomas, y trabajan contrayéndose y relajándose.

Hay tres tipos de músculos. Los **esqueléticos** mueven las partes del cuerpo que nos hacen correr y saltar. El músculo cardíaco hace posible los latidos del corazón. Los músculos lisos desplazan los alimentos a través del cuerpo, controlan los **vasos sanguíneos** y ayudan al cuerpo a ir al baño.

¡SORPRENDENTE!

Los músculos esqueléticos son voluntarios, lo que significa que podemos controlarlos. Los músculos cardíacos y lisos son involuntarios, es decir, funcionan por su cuenta, sin que tengamos que decirles qué hacer.

Necesitamos los músculos esqueléticos para mover el cuerpo cada día.

17

VAYA CON LOS HUESOS

Si los músculos son blandos como la goma... ¿qué mantiene derecho el cuerpo de Marty? Los músculos esqueléticos están unidos a los huesos, que componen el sistema esquelético. Vemos que los músculos del brazo de Marty están conectados a sus huesos mediante unas cuerdas llamadas tendones.

Los huesos de Marty trabajan con sus músculos para que pueda saludar. ¡Su cerebro envía un mensaje a través de las neuronas hasta los músculos de su brazo, que responden haciendo el saludo! Estos huesos también se ocupan de mantener seguros los órganos internos de Marty.

¡SORPRENDENTE!

Un bebé recién nacido tiene unos 350 huesos. A medida que crece, algunos huesos se fusionan. Las personas adultas tienen solo 206 huesos.

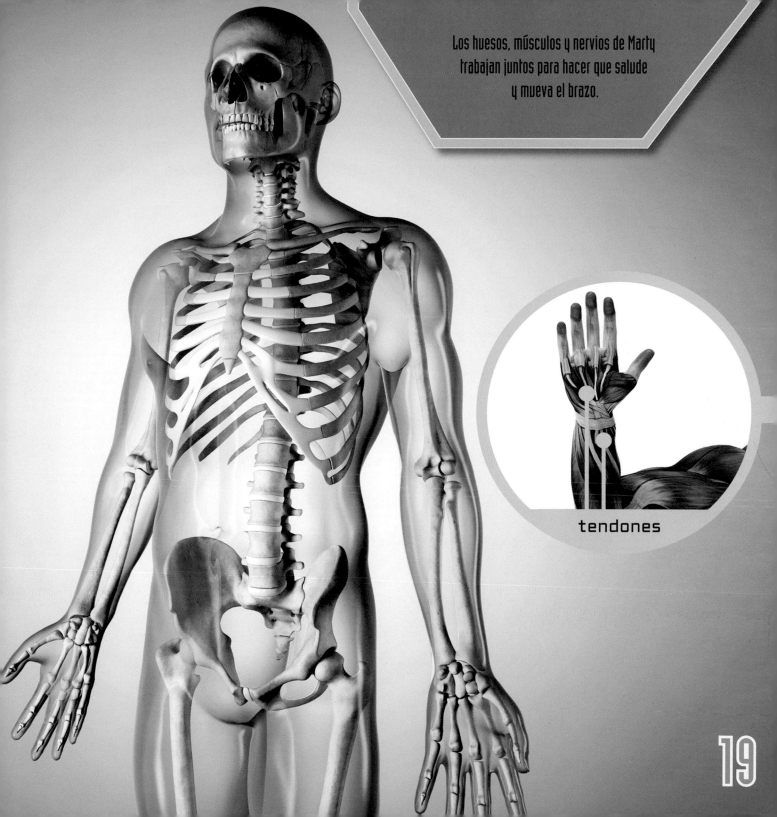

Los huesos, músculos y nervios de Marty trabajan juntos para hacer que salude y mueva el brazo.

tendones

19

EL CORAZÓN Y LOS PULMONES

Nos desplazamos con nuestra nave hasta el pecho de Marty, donde vemos un órgano en forma de pera. ¡Debe ser el corazón! El corazón es un músculo que **bombea** sangre a través del cuerpo.

El corazón es, en realidad, dos bombas en una. El lado derecho recibe sangre del cuerpo de Marty y la envía a los pulmones. El lado izquierdo recibe sangre de los pulmones y la envía de vuelta al resto del cuerpo. Los pulmones, que toman los gases de desecho de la sangre de Marty, los expulsan al exterior con la respiración.

¡SORPRENDENTE!

La sangre no se limita a chapotear en el interior del cuerpo de Marty. Viaja del corazón a todas las partes del cuerpo a través de los vasos sanguíneos. Este movimiento se llama circulación sanguínea.

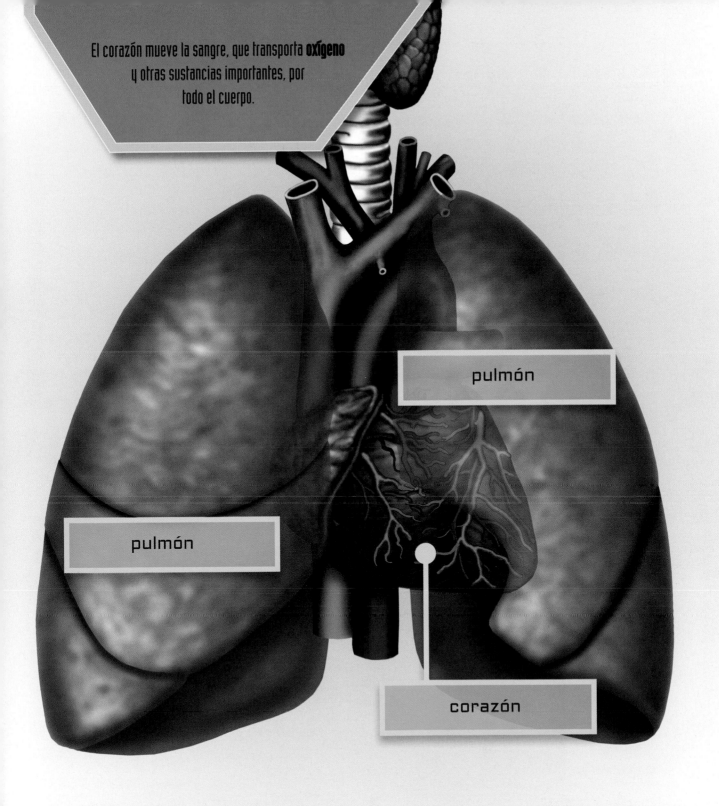

El corazón mueve la sangre, que transporta **oxígeno** y otras sustancias importantes, por todo el cuerpo.

pulmón

pulmón

corazón

EL VIAJE DEL ALMUERZO DE MARTY

En el centro del cuerpo de Marty hay un largo tubo que comienza en la boca. Sigamos este tubo, llamado esófago. Marty debe estar almorzando porque la comida se mueve de la garganta hasta el estómago.

El estómago es una bolsa elástica de forma semejante a la letra "J". Es como una batidora que rompe los alimentos en trozos pequeños. Segrega jugos especiales que descomponen los alimentos y eliminan las bacterias que pudieran contener.

¡SORPRENDENTE!

Tal vez solo te hagan falta unos minutos desde que empiezas hasta que terminas de comer, pero tu cuerpo necesita casi 12 horas antes de descomponerla del todo.

LAS PARTES DEL CUERPO DE MARTY

esófago

pulmones

corazón

hígado

estómago

intestino grueso

intestino delgado

hueso

músculo

HACIA LA SALIDA

Sigamos el almuerzo de Marty mientras se mueve a través de su sistema **digestivo**. La comida sale del estómago y entra en el **intestino delgado**, semejante a una tubería arrollada por debajo del estómago. Descompone los alimentos aún más para que el cuerpo de Marty obtenga el combustible necesario para vivir.

¡El intestino grueso es la última parada de la comida! Selecciona la parte de los alimentos que el cuerpo no puede aprovechar y la empuja hacia fuera en forma de heces; salen del cuerpo de Marty cuando va al baño.

¡SORPRENDENTE!

¡Desde la boca de Marty al intestino grueso los alimentos recorren más de 30 pies [9 m]! Su comida ha sido descompuesta para que Marty pueda aprovechar lo que necesita para vivir y mantenerse sano.

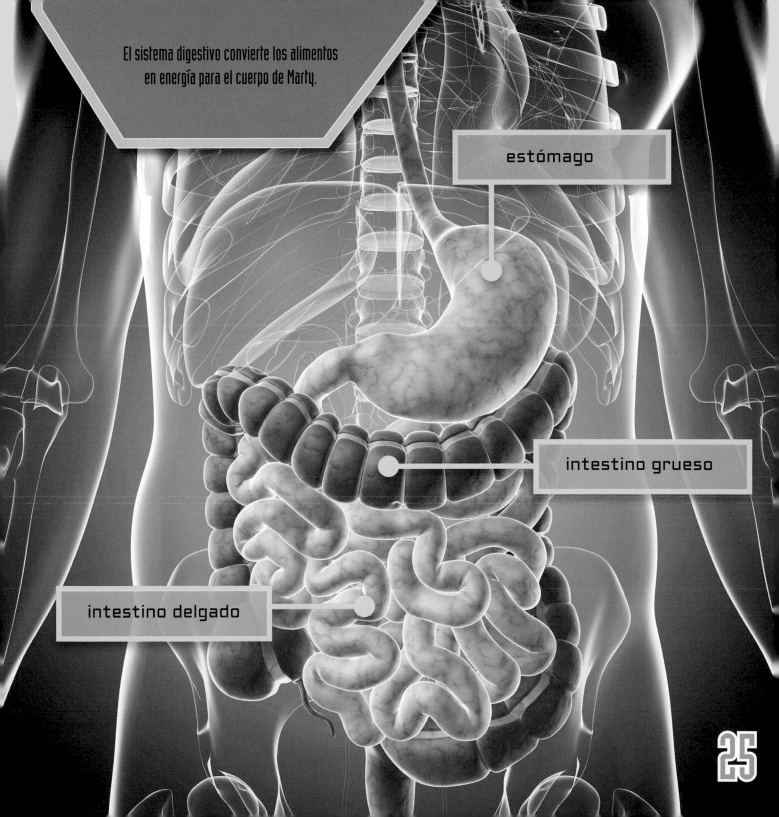

El sistema digestivo convierte los alimentos
en energía para el cuerpo de Marty.

estómago

intestino grueso

intestino delgado

25

TAREAS DE LIMPIEZA

Nuestra nave nos lleva también a otras partes del cuerpo donde se acumulan los desechos. Vemos el **hígado** y dos **riñones**, que mantienen limpia la sangre de Marty. Por todo el cuerpo hay **glándulas**, órganos que segregan hormonas, sustancias químicas gracias a las cuales el cuerpo hace determinadas cosas.

Ha llegado el momento de abandonar el cuerpo de Marty. Al salir vemos el órgano más grande de todos, la piel. Lo cubre y lo protege todo. ¡Sin la piel, los huesos, los músculos y los órganos colgarían desordenadamente!

¡SORPRENDENTE!

El cuerpo tiene muchos otros sistemas que le ayudan a mantenerse sano. Por ejemplo, el sistema inmunitario trabaja junto con la sangre y la piel en la lucha contra las enfermedades.

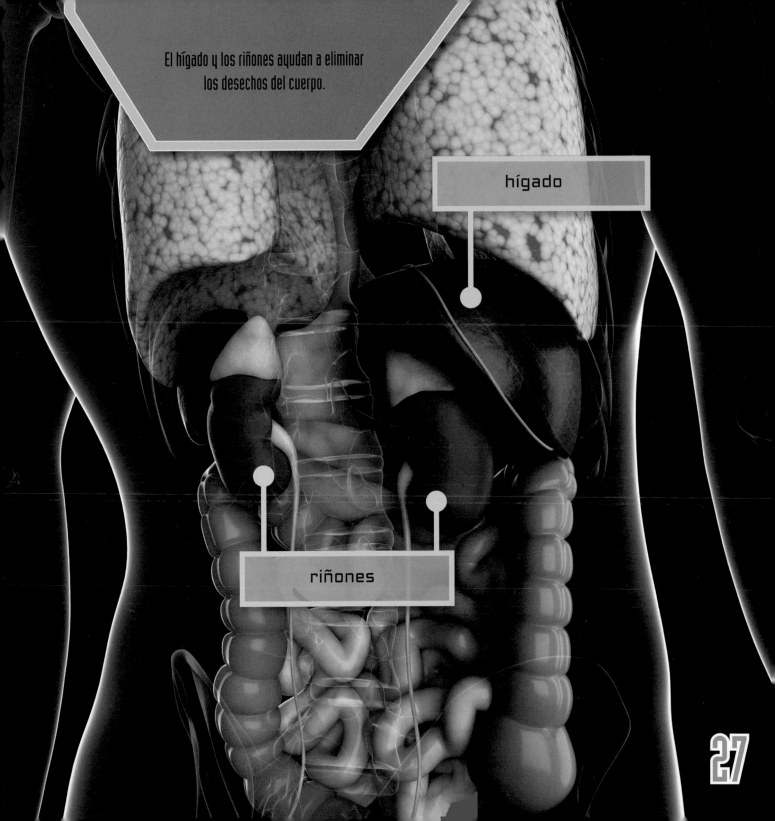

El hígado y los riñones ayudan a eliminar los desechos del cuerpo.

hígado

riñones

¡QUE SIGA FUNCIONANDO!

¡Tienes que mantener tu cuerpo en forma! Es importante hacer algo de ejercicio todos los días. El ejercicio te mantiene fuerte y lleno de energía. También es necesario comer bien para darle a tu cuerpo el combustible que necesita.

Nuestra travesía por el interior de Marty nos ha enseñado cómo todo trabaja en conjunto. El cerebro le dice a los otros órganos del cuerpo cómo trabajar, pero la tarea de cada una de las partes es decisiva. ¡Gracias por acompañarnos en nuestro viaje a través de esta increíble máquina!

¡SORPRENDENTE!

¡Para mantener tu cuerpo sano debes también dormir lo suficiente, cepillarte los dientes al menos dos veces al día y lavarte las manos! Esto último te mantiene libre de las bacterias que provocan enfermedades.

Comer bien y mantenerte activo es la mejor manera de cuidar tu salud.

29

GLOSARIO

bombear: Mover la sangre por todo el cuerpo.

digestivo: Lo relacionado con los órganos que descomponen los alimentos en el interior del cuerpo para que éste pueda usarlos.

encéfalo: El conjunto de cerebro, cerebelo y bulbo raquídeo.

esquelético/óseo: Lo relacionado con los huesos.

glándula: Órgano que libera unas sustancias químicas llamadas hormonas que le indican al cuerpo lo que debe hacer.

hemisferio: Una de las dos mitades del cerebro.

hígado: Órgano grande que transforma las substancias que se encuentran en la sangre.

intestino delgado: Largo tubo donde se digieren los alimentos.

nervio: Fina estructura que envía mensajes entre el cerebro y otras partes del cuerpo.

neurona: Célula responsable de llevar los mensajes desde y hacia el cerebro; la unidad básica del sistema nervioso.

oxígeno: Gas que respiramos, imprescindible para vivir.

riñones: Los dos órganos que extraen los desechos de la sangre y fabrican la orina, el excremento líquido.

tejido: Las materias que forman las distintas partes de los seres vivos.

vaso sanguíneo: Pequeño conducto del cuerpo por donde se desplaza la sangre.

MÁS INFORMACIÓN

LIBROS

Cohen, Robert Z. *The Stomach and Intestines in Your Body.*
New York, NY: Britannica Educational Publishing, 2015.

Jennings, Ken. *The Amazing Human Body.* New York, NY: Little
Simon, 2015.

Rose, Simon. *Muscular System.* New York, NY: AV2 by Weigl,
2015.

SITIOS WEB

How the Body Works
kidshealth.org/kid/htbw/htbw_main_page.html
Más datos acerca de los tornados en este gran sitio.

Human Biology
kidsbiology.com/human_biology/
Descubre más hechos asombrosos sobre tu cuerpo en este
sitio interactivo.

Human Body for Kids
sciencekids.co.nz/humanbody.html
Averigua aquí cómo mantener la salud de tu cuerpo.

Nota del editor a los educadores y padres: nuestro personal especializado ha revisado cuidadosamente estos sitios web para asegurarse de que son apropiados para los estudiantes. Muchos sitios web cambian con frecuencia, por lo que no podemos garantizar que posteriores contenidos que se suban a esas páginas cumplan con nuestros estándares de calidad y valor educativo. Tengan presente que se debe supervisar cuidadosamente a los estudiantes siempre que tengan acceso al Internet.

ÍNDICE